AF495987

QUESTIONS DU JOUR

MIRACLES

APPARITIONS. — VISIONS

PAR

VOLTAIRE

PARIS
BUREAU DES CÉLÉBRITÉS CONTEMPORAINES
11, RUE JACOB, 11

1873

AVANT-PROPOS DE L'ÉDITEUR

Il advint un jour,— tant il est vrai qu'on se lasse des plus belles choses en ce monde,—que la France se lassa d'avoir de l'esprit, et la Littérature, — que le Bon Sens lui pardonnne, puisqu'elle ne savait évidemment pas ce qu'elle faisait, — se mit à arroser de ses larmes tout le poétique fumier dont l'Hercule révolutionnaire avait méchamment débarrassé les écuries d'Augias.

Tandis que, sous prétexte de grandeur et de gloire, les historiens cherchaient des circonstances atténuantes à toutes les tyrannies; que, sous couleur de poésie, les romanciers réhabilitaient les plus niais et les plus féroces préjugés, de même que les artistes, par amour du pittoresque et de la naïveté, proclamaient les droits à la beauté de la Laideur elle-même ; des poètes, abreuvés d'absinthe, au positif comme au figuré, s'en allaient dans les mauvais lieux dire des gros mots à Voltaire, cet abominable Voltaire qui leur avait, à les en croire, ravi leur sainte ignorance, en traitant avec trop peu de respect les grands Manitous, les grands Lamas, les sublimes empereurs, les rois très-chrétiens ou très-catholiques, les fiers barons et les moines mystérieux : tout le personnel enfin de brigands, de fainéants et de charlatans de ces beaux âges de Foi, où les neuf dixièmes de l'humanité succombaient à vrai dire sous le travail et la misère, la peste ou la violence, mais où il était, en revanche, loisible à quelques âmes d'élite de suborner les filles, d'assommer les pères et de bâtonner les créanciers, sans se trouver jamais, pour peu qu'elles fussent *nées*, en contact avec cette œuvre de manants prosaïques qui s'appelle le Code.

Disons vite, à la décharge de la littérature, qu'il y eut dans son fait un sentiment honorable : le respect des vaincus.

La Révolution avait laissé le vieux monde dans un si piteux état, que les cœurs sensibles furent jusqu'à un certain point excusables d'abdiquer leurs justes colères pour ne songer qu'à la pitié. Le laboureur de la fable, en rencontrant dans son chemin un pauvre serpent crevant de froid, oublie son venin, et, ne considérant que sa misère, le réchauffe à son foyer : c'est seulement en le voyant, à peine ranimé, retourner à sa nature agressive, qu'il reconnaît la nécessité dure d'assommer définitivement la bête malfaisante qu'il lui a été impossible de transformer.

Voilà précisément où en est aujourd'hui l'esprit moderne, la Justice, à l'égard de l'esprit ancien, la Tradition. C'est en vain qu'après sa victoire le premier a généreusement, pour ne pas dire niaisement, offert au second une tolérance qui lui avait toujours été à lui-même refusée. L'Hydre, mal écrasée, se redresse et nous saute de nouveau à la gorge. Nous nous défendons, dans la lutte suprême où il s'agit pour nous comme pour lui d'être ou de ne plus être. Tant pis pour qui a recommencé la bataille. Entre la Science et la Tradition, la victoire finale ne saurait être douteuse, pourvu que la Science se décide à ne plus jouer le jeu de son adversaire en se mettant des feuilles de vigne, à seule fin de ne pas scandaliser les regards pudibonds de Tartufe.

Si l'on a pû dire avec raison, ces derniers temps, qu'en France le ridicule ne tuait plus, c'est que dans sa générosité l'Esprit nouveau a trop négligé l'arme de la raillerie à l'égard d'ennemis qu'il avait trop facilement crus à jamais désarmés. Nous laissant duper par les grands mots, nous nous sommes bêtement inclinés devant des *préjugés* qui se proclamaient eux-mêmes *respectables*, et Robert Macaire en personne nous a plus d'une fois arrêtés net, en nous montrant ses cheveux blancs.

Il n'y a de respectable que la Vérité, et tout au plus les hommes sincères dans leur erreur. Quand à l'Erreur elle-même et à ceux qui l'exploitent à leur profit, le devoir rigoureux est de leur courir sus, de leur arracher les oripaux et les masques, et de les livrer une fois pour toutes, sinon aux violences, du moins aux huées de la foule.

C'est ce qu'a fait Voltaire en son temps, et on sait avec quel succès. Malheureusement, croyant son œuvre achevée, nous nous sommes trop vite détournés de lui, et voilà qu'aujourd'hui, grâce à notre négligence, presque tout ce qu'il avait abattu essaie de se relever. Des revenants prétendent ramener à l'état de simples problèmes les axiomes acceptés par le monde entier depuis 89, et c'est très-sérieusement qu'ils répètent la spirituelle boutade de Paul-Louis Courier : « Je crois aussi que deux et deux font quatre, mais je n'en suis pas sûr. »

Voilà trop longtemps, à notre avis, que l'on accorde à ces fantoches l'honneur de la discussion sérieuse. Revenons à la tactique de Voltaire, c'est la bonne. Au lieu de les traduire au tribunal de la raison, ce qui eût été perdre son temps, il « les traduisit en ridicule. » Reprenons sa traduction, et le texte sera bientôt oublié.

Si humiliant que soit l'aveu, tout homme de bonne foi est bien forcé de reconnaître que, sur la plupart des questions de principes, tout ce qu'il pense et dit a été trouvé, voilà un siècle, par ce prodigieux polémiste qui, quoi qu'on ait prétendu, avait plus d'esprit que tout le monde, par la raison bien simple qu'à l'esprit de tout le monde il ajoutait, ce qui n'était pas peu, le sien.

C'est ce qui nous a donné l'idée de publier les *Questions du jour*, par Voltaire. A mesure que se présenteront les discussions prévues dès aujourd'hui, sur la Politique, la Religion, la Liberté, etc., nous prendrons dans l'œuvre du maître et réunirons en brochures accessibles à toutes les bourses ce qu'a dit sur la matière l'incomparable railleur.

Nous commencerons par les *Miracles*, sujet d'actualité s'il en fut. Jusqu'ici les thaumaturges contemporains s'étaient tenus à distance, dans des contrées où n'allaient les chercher que les convictions entêtées qui arrivent si facilement à voir ce qu'elles désirent. Aujourd'hui on nous annonce qu'enhardis par le succès, ils se risquent jusque dans Paris, que la police irrévérencieuse de l'Empire avait privé de cet agréable spectacle en la personne du zouave-trombone Jacob, de guérissante mémoire.

M. l'archevêque de Paris et M. Louis Veuillot sont déjà intervenus dans le débat. Afin qu'ils aient un adversaire digne d'eux, nous donnons la parole à Voltaire.

Jules K.

I

MIRACLES

—

SECTION I

Un miracle, selon l'énergie du mot, est une chose admirable; en ce cas, tout est miracle. L'ordre prodigieux de la nature, la rotation de cent millions de globes autour d'un million de soleils, l'activité de la lumière, la vie des animaux, sont des miracles perpétuels.

Selon les idées reçues, nous appelons miracle la violation de ces lois divines et éternelles. Qu'il y ait une éclipse de soleil pendant la pleine lune, qu'un mort fasse à pied deux lieues de chemin en portant sa tête entre ses bras, nous appelons cela un miracle.

Plusieurs physiciens soutiennent qu'en ce sens il n'y a point de miracles, et voici leurs arguments :

Un miracle est la violation des lois mathématiques, divines, immuables, éternelles. Par ce seul exposé, un miracle est une contradiction dans les termes : une loi ne peut être à la fois immuable et violée. Mais une loi, leur dit-on, étant établie par Dieu même, ne peut-elle être suspendue par son auteur? Ils ont la hardiesse de répondre que non, et qu'il est impossible que l'Être infiniment sage ait fait des lois pour les violer. Il ne pouvait, disent-ils, déranger sa machine que pour la faire mieux aller : or il est clair qu'étant Dieu, il a fait cette immense machine aussi bonne qu'il l'a pu ; s'il a vu qu'il y aurait quelque imperfection résultant de la nature de la matière, il y a pourvu dès le commencement; ainsi il n'y changera jamais rien.

De plus, Dieu ne peut rien faire sans raison : or quelle raison le porterait à défigurer pour quelque temps son propre ouvrage?

C'est en faveur des hommes, leur dit-on. C'est donc au moins en faveur de tous les hommes, répondent-ils; car il est impossible de concevoir que la nature divine travaille pour quelques hommes en particulier, et non pas pour tout le genre humain ; encore même le genre humain est bien peu de chose : il est beaucoup moindre qu'une petite fourmilière en comparaison de tous les êtres qui remplissent l'immensité. Or n'est-ce pas la plus absurde des folies d'imaginer que l'Être infini intervertisse en faveur de trois ou quatre centaines de fourmis, sur ce petit amas de fange, le jeu éternel de ces ressorts immenses qui font mouvoir tout l'univers ?

Mais supposons que Dieu ait voulu distinguer un petit nombre d'hommes par des faveurs particulières, faudra-t-il qu'il change ce qu'il a établi pour tous les temps et pour tous les lieux ? Il n'a certes aucun besoin de ce changement, de cette inconstance, pour favoriser ses créatures : ses faveurs sont dans ses lois mêmes. Il a tout prévu, tout arrangé pour elles ; toutes obéissent irrévocablement à la force qu'il a imprimée pour jamais dans la nature.

Pourquoi Dieu ferait-il un miracle ? Pour venir à bout d'un certain dessein sur quelques êtres vivants ? Il dirait donc : Je n'ai pu parvenir par la fabrique de l'univers, par mes décrets divins, par mes lois éternelles, à remplir un certain dessein ; je vais changer mes éternelles idées, mes lois immuables, pour tâcher d'exécuter ce que je n'ai pu faire par elles. Ce serait un aveu de sa faiblesse et non de sa puissance ; ce serait, ce semble, dans lui la plus inconcevable contradiction. Ainsi donc, oser supposer à Dieu des miracles, c'est réellement l'insulter (si des hommes peuvent insulter Dieu). C'est lui dire : Vous êtes un être faible et inconséquent. Il est donc absurde de croire des miracles ; c'est déshonorer en quelque sorte la Divinité.

On presse ces philosophes ; on leur dit : Vous avez beau exalter l'immutabilité de l'Être suprême, l'éternité de ses lois, la régularité de ses mondes infinis ; notre petit tas de boue a été tout couvert de miracles ; les histoires sont aussi remplies de prodiges que d'événements naturels. Les filles du grand-prêtre Anius changeaient tout ce qu'elles voulaient en blé, en vin ou en huile ; Athalide, fille de Mercure, ressuscita plusieurs fois ; Esculape ressuscita Hippolyte ; Hercule arracha Alceste à la mort ; Hérès revint au monde après avoir passé quinze jours dans les enfers ; Romulus et Rémus naquirent d'un dieu et d'une vestale ; le palladium tomba du ciel dans la ville de Troie ; la chevelure de Bérénice devint un assemblage d'étoiles ; la cabane de Baucis et de Philémon fut changée en un superbe temple ; la tête d'Orphée rendait des oracles après sa mort ; les murailles de Thèbes se construisirent d'elles-mêmes au son de la flûte, en présence des Grecs; les guérisons faites dans le temple d'Esculape étaient innombrables, et nous avons encore des monuments chargés du nom des témoins oculaires des miracles d'Esculape.

Nommez-moi un peuple chez lequel il ne se soit pas opéré des prodiges incroyables, surtout dans des temps ou l'on savait à peine lire et écrire.

*
* *

Les philosophes ne répondent à ces objections qu'en riant et en levant les épaules; mais les philosophes chrétiens disent : Nous croyons aux miracles opérés dans notre sainte religion; nous les croyons par la foi, et non par notre raison que nous nous gardons bien d'écouter; car, lorsque la foi parle, on sait assez que la raison ne doit pas dire un seul mot : nous avons une croyance ferme et entière dans les miracles de Jésus-Christ et des apôtres; mais permettez-nous de douter un peu de plusieurs autres; souffrez, par exemple, que nous suspendions notre jugement sur ce que rapporte un homme simple auquel on a donné le nom de grand. Il assure qu'un petit moine était si fort accoutumé de faire des miracles, que le prieur lui défendit enfin d'exercer son talent. Le petit moine obéit; mais ayant vu un pauvre couvreur qui tombait du haut d'un toit, il balança entre le désir de lui sauver la vie et la sainte obédience. Il ordonna seulement au couvreur de rester en l'air jusqu'à nouvel ordre, et courut vite conter à son prieur l'état des choses. Le prieur lui donna l'absolution du péché qu'il avait commis en commençant un miracle sans permission, et lui permit de l'achever, pourvu qu'il s'en tînt là, et qu'il n'y revînt plus. On accorde aux philosophes qu'il faut un peu se défier de cette histoire.

*
* *

Mais comment oseriez-vous nier, leur dit-on, que S. Gervais et S. Protais aient apparu en songe à S. Ambroise, qu'ils lui aient enseigné l'endroit ou étaient leurs reliques? que S. Ambroise les ait déterrées, et qu'elles aient guéri un aveugle? S. Augustin était alors à Milan; c'est lui qui rapporte ce miracle, *immenso populo teste*, dit-il dans sa *Cité de Dieu*, livre XXII. Voilà un miracle des mieux constatés. Les philosophes disent qu'ils n'en croient rien, que Gervais et Protais n'apparaissent à personne, qu'il importe fort peu au genre humain qu'on sache où sont les restes de leurs carcasses, qu'ils n'ont pas plus de foi à cet aveugle qu'à celui de

Vespasien ; que c'est un miracle inutile ; que Dieu ne fait rien d'inutile ; et ils se tiennent fermes dans leurs principes. Mon respect pour S. Gervais et S. Protais ne me permet pas d'être de l'avis de ces philosophes ; je rends compte seulement de leur incrédulité. Ils font grand cas du passage de Lucien, qui se trouve dans la mort de Peregrinus : « Quand un joueur de gobelets adroit se fait chrétien, « il est sûr de faire fortune. » Mais comme Lucien est un auteur profane, il ne doit avoir aucune autorité parmi nous.

Ces philosophes ne peuvent se résoudre à croire les miracles opérés dans le second siècle. Des témoins oculaires ont beau écrire que l'évêque de Smyrne, S. Polycarpe, ayant été condamné à être brûlé, et étant jeté dans les flammes, ils entendirent une voix du ciel qui criait : « Courage, Polycarpe, sois fort, montre-toi homme ; » qu'alors les flammes du bûcher s'écartèrent de son corps, et formèrent un pavillon de feu au-dessus de sa tête ; et que du milieu du bûcher il sortit une colombe ; qu'enfin on fut obligé de trancher la tête de Polycarpe. A quoi bon ce miracle ? disent les incrédules ; pourquoi les flammes ont-elles perdu leur nature, et pourquoi la hache de l'exécuteur n'a-t-elle pas perdu la sienne ? D'où vient que tant de martyrs sont sortis sains et saufs de l'huile bouillante, et n'ont pu résister au tranchant du glaive ? On répond que c'est la volonté de Dieu. Mais les philosophes voudraient avoir vu tout cela de leurs yeux avant de le croire.

Ceux qui fortifient leurs raisonnements par la science vous diront que les pères de l'Église ont avoué souvent eux-mêmes qu'il ne se faisait plus de miracles de leur temps. S. Chrysostome dit expressément : « Les dons extraordinaires de l'esprit étaient don-« nés même aux indignes, parce qu'alors l'Église avait besoin de « miracles ; mais aujourd'hui ils ne sont pas même donnés aux « dignes, parce que l'Église n'en a plus besoin. » Ensuite il avoue qu'il n'y a plus personne qui ressuscite les morts, ni même qui guérisse les malades.

***

S. Augustin lui-même, malgré le miracle de Gervais et de Protais, dit dans sa *Cité de Dieu* : « Pourquoi ces miracles qui se fai-« saient autrefois ne se font-ils plus aujourd'hui ? » Et il en donne la même raison. *Cur, inquiunt, nunc illa miracula quæ prædicatis facta esse non fiunt ? Possem quidem dicere necessaria priùs fuisse quàm crederet mundus, ad hoc ut crederet mundus.*

On objecte aux philosophes que S. Augustin, malgré cet aveu, parle pourtant d'un vieux savetier d'Hippone qui, ayant perdu son habit, alla prier à la chapelle *des vingt martyrs*, qu'en retournant il trouva un poisson dans le corps duquel il y avait un anneau d'or, et que le cuisinier qui fit cuire le poisson dit au savetier : Voilà ce que les vingt martyrs vous donnent.

A cela les philosophes répondent qu'il n'y a rien dans cette histoire qui contredise les lois de la nature, que la physique n'est point du tout blessée qu'un poisson ait avalé un anneau d'or, et qu'un cuisinier ait donné cet anneau à un savetier, qu'il n'y a là aucun miracle.

*
* *

Si on fait souvenir ces philosophes que, selon S. Jérôme, dans sa *Vie de l'ermite Paul*, cet ermite eut plusieurs conversations avec des satyres et avec des faunes ; qu'un corbeau lui apporta tous les jours pendant trente ans la moitié d'un pain pour son dîner, et un pain tout entier le jour que S. Antoine vint le voir, ils pourront répondre encore que tout cela n'est pas absolument contre la physique, que des satyres et des faunes peuvent avoir existé, et qu'en tous cas, si ce conte est une puérilité, cela n'a rien de commun avec les vrais miracles du Sauveur et de ses apôtres. Plusieurs bons chrétiens ont combattu l'histoire de S. Siméon Stylite, écrite par Théodoret; beaucoup de miracles qui passent pour authentiques dans l'Église grecque ont été révoqués en doute par plusieurs latins, de même que des miracles latins ont été suspects à l'Église grecque; les protestants sont venus ensuite, qui ont fort maltraité les miracles de l'une et l'autre Église.

*
* *

Un savant jésuite [1], qui a prêché longtemps dans les Indes, se plaint de ce que ni ses confrères ni lui n'ont jamais pu faire de miracle. Xavier se lamente, dans plusieurs de ses lettres, de n'avoir point le don des langues ; il dit qu'il n'est chez les Japonais que comme une statue muette : cependant les jésuites ont écrit qu'il avait ressuscité huit morts ; c'est beaucoup : mais il faut aussi considérer qu'il les ressuscitait à six mille lieues d'ici. Il s'est trouvé depuis des gens qui ont prétendu que l'abolissement des jésuites en France est un beaucoup plus grand miracle que ceux de Xavier et d'Ignace.

1. *Ospiniam*, p. 230.

Quoi qu'il en soit, tous les chrétiens conviennent que les miracles de Jésus-Christ et des apôtres sont d'une vérité incontestable ; mais qu'on peut douter à toute force de quelques miracles faits dans nos derniers temps, et qui n'ont pas eu une authenticité certaine.

On souhaiterait, par exemple, pour qu'un miracle fût bien constaté, qu'il fût fait en présence de l'Académie des sciences de Paris, ou de la Société royale de Londres, et de la Faculté de médecine, assistées d'un détachement du régiment des gardes, pour contenir la foule du peuple qui pourrait par son indiscrétion empêcher l'opération du miracle.

*
* *

On demandait un jour à un philosophe ce qu'il dirait s'il voyait le soleil s'arrêter, c'est-à-dire si le mouvement de la terre autour de cet astre cessait ; si tous les morts ressuscitaient, et si toutes les montagnes allaient se jeter de compagnie dans la mer, le tout pour prouver quelque vérité importante, comme, par exemple, la grâce versatile? Ce que je dirais? répondit le philosophe ; je me ferais manichéen ; je dirais qu'il y a un principe qui défait ce que l'autre a fait.

SECTION II

Définissez les termes, vous dis-je, ou jamais nous ne nous entendrons. *Miraculum, res miranda, prodigium, portentum, monstrum.* Miracle, chose admirable ; *prodigium*, qui annonce chose étonnante ; *portentum*, porteur de nouveauté ; *monstrum*, chose à montrer par rareté.

Voilà les premières idées qu'on eut d'abord des miracles.

Comme on raffine sur tout, on raffina sur cette définition ; on appela *miracle* ce qui est impossible à la nature. Mais on ne songea pas que c'était dire que tout miracle est réellement impossible. Car qu'est-ce que la nature? vous entendez par ce mot l'ordre éternel des choses. Un miracle serait donc impossible dans cet ordre. En ce sens, Dieu ne pourrait faire de miracle.

Si vous entendez par miracle un effet dont vous ne pouvez voir la cause, en ce sens tout est miracle. L'attraction et la direction de l'aimant sont des miracles continuels. Un limaçon auquel il revient une tête est un miracle. La naissance de chaque animal, la production de chaque végétal, sont des miracles de tous les jours.

Mais nous sommes si accoutumés à ces prodiges, qu'ils ont perdu leur nom d'*admirables*, de *miraculeux*. Le canon n'étonne plus les Indiens.

Nous nous sommes donc fait une autre idée du miracle. C'est, selon l'opinion vulgaire, ce qui n'était jamais arrivé et ce qui n'arrivera jamais. Voilà l'idée qu'on se forme de la mâchoire d'âne de Samson, des discours de l'ânesse de Balaam, de ceux d'un serpent avec Ève, des quatre chevaux qui enlevèrent Élie, du poisson qui garda Jonas soixante et douze heures dans son ventre, des dix plaies d'Égypte, des murs de Jéricho, du soleil et de la lune arrêtés à midi, etc., etc., etc., etc.

*
* *

Pour croire un miracle, ce n'est pas assez de l'avoir vu ; car on peut se tromper. On appelle un sot, *témoin de miracles* : et non seulement bien des gens pensent avoir vu ce qu'ils n'ont pas vu, et avoir entendu ce qu'on ne leur a point dit; non-seulement ils sont témoins de miracles, mais ils sont sujets de miracles. Ils ont été tantôt malades, tantôt guéris par un pouvoir surnaturel. Ils ont été changés en loups; ils ont traversé les airs sur un manche à balai; ils ont été incubes et succubes.

Il faut que le miracle ait été bien vu par un grand nombre de gens très-sensés, se portant bien, et n'ayant nul intérêt à la chose. Il faut surtout qu'il ait été solennellement attesté par eux; car si on a besoin de formalités authentiques pour les actes les plus simples, comme l'achat d'une maison, un contrat de mariage, un testament, quelles formalités ne faudra-t-il pas pour constater des choses naturellement impossibles, et dont le destin de la terre doit dépendre?

Quand un miracle authentique est fait, il ne prouve encore rien, car l'Écriture vous dit en vingt endroits que des imposteurs peuvent faire des miracles, et que si un homme, après en avoir fait, annonce un autre dieu que le Dieu des Juifs, il faut le lapider.

On exige donc que la doctrine soit appuyée par les miracles, et les miracles par la doctrine.

Ce n'est point encore assez. Comme un fripon peut prêcher une très-bonne morale pour mieux séduire, et qu'il est reconnu que des fripons, comme les sorciers de Pharaon, peuvent faire des miracles, il faut que ces miracles soient annoncés par des prophéties.

Pour être sûr de la vérité de ces prophéties, il faut les avoir entendu annoncer clairement, et les avoir vu s'accomplir réellement [1]. Il faut posséder parfaitement la langue dans laquelle elles sont conservées.

Il ne suffit pas même que vous soyez témoin de leur accomplissement miraculeux ; car vous pouvez être trompé par de fausses apparences. Il est nécessaire que le miracle et la prophétie soient juridiquement constatés par les premiers de la nation ; et encore se trouvera-t-il des douteurs. Car il se peut que la nation soit intéressée à supposer une prophétie et un miracle ; et dès que l'intérêt s'en mêle, ne comptez sur rien. Si un miracle prédit n'est pas aussi public, aussi avéré qu'une éclipse annoncée dans l'almanach, soyez sûr que ce miracle n'est qu'un tour de gibecière, ou un conte de vieille.

SECTION III

Un gouvernement théocratique ne peut être fondé que sur des miracles ; tout doit y être divin. Le grand souverain ne parle aux hommes que par des prodiges ; ce sont là ses ministres et ses lettres-patentes. Ses ordres sont intimés par l'Océan qui couvre toute la terre pour noyer les nations, ou qui ouvre le fond de son abîme pour leur donner passage.

Aussi vous voyez que dans l'Histoire juive tout est miracle, depuis la création d'Adam et la formation d'Ève, pétrie d'une côte d'Adam, jusqu'au melch ou roitelet Saül.

Au temps de ce Saül, la théocratie partage encore le pouvoir avec la royauté. Il y a encore par conséquent des miracles de temps en temps ; mais ce n'est plus cette suite éclatante de prodiges qui étonnent continuellement la nature. On ne renouvelle point les dix plaies d'Égypte ; le soleil et la lune ne s'arrêtent point en plein midi pour donner le temps à un capitaine d'exterminer quelques fuyards déjà écrasés par une pluie de pierres tombées des nues. Un Samson n'extermine plus mille Philistins avec une mâchoire d'âne. Les ânesses ne parlent plus ; les murailles ne tombent plus au son du cornet ; les villes ne sont plus abîmées dans un lac par le feu du ciel ; la race humaine n'est plus détruite par le déluge. Mais le doigt de Dieu se manifeste encore. L'ombre de Saül apparaît à une magicienne. Dieu lui-même promet à David qu'il défera les Philistins à Baal-pharasim.

« Dieu assemble son armée céleste du temps d'Achab, et de-

1. Voyez *Prophéties*.

» mande aux esprits [1] : Qui est-ce qui trompera Achab, et qui le » fera aller à la guerre contre Ramoth en Galgala? Et un esprit » s'avança devant le Seigneur, et dit : Ce sera moi qui le trompe- » rai. » Mais ce ne fut que le prophète Michée qui fut témoin de cette conversation; encore reçut-il un soufflet d'un autre prophète nommé Sédékias, pour avoir annoncé ce prodige.

***

Des miracles qui s'opèrent aux yeux de toute la nation, et qui changent les lois de la nature entière, on n'en voit guère jusqu'au temps d'Élie, à qui le Seigneur envoya un char de feu et des chevaux de feu qui enlevèrent Élie des bords du Jourdain au ciel, sans qu'on sache en quel endroit du ciel.

Depuis le commencement des temps historiques, c'est-à-dire depuis les conquêtes d'Alexandre, vous ne voyez plus de miracles chez les Juifs.

Quand Pompée vient s'emparer de Jérusalem, quand Crassus pille le temple, quand Pompée fait passer le roi juif Alexandre par la main du bourreau, quand Antoine donne la Judée à l'Arabe Hérode, quand Titus prend d'assaut Jérusalem, quand elle est rasée par Adrien, il ne se fait aucun miracle. Il en est ainsi chez tous les peuples de la terre. On commence par la théocratie, on finit par les choses purement humaines. Plus les sociétés perfectionnent les connaissances, moins il y a de prodiges.

***

Nous savons bien que la théocratie des Juifs était la seule véritable, et que celles des autres peuples étaient fausses; mais il arriva la même chose chez eux que chez les Juifs.

En Égypte, du temps de Vulcain, et de celui d'Isis et d'Osiris, tout était hors des lois de la nature; tout y rentra sous les Ptolémées.

Dans les siècles de Phos, de Chrysos et d'Épheste, les dieux et les mortels conversaient très-familièrement en Chaldée. Un dieu avertit le roi Xissutre qu'il y aura un déluge en Arménie, et qu'il faut qu'il bâtisse vite un vaisseau de cinq stades de longueur et de deux de largeur. Ces choses n'arrivent pas aux Darius et aux Alexandre.

Le poisson Oannès sortait autrefois tous les jours de l'Euphrate

1. *Rois*, liv. III, ch. XXII.

pour aller prêcher sur le rivage ; il n'y a plus aujourd'hui de poisson qui prêche. Il est bien vrai que S. Antoine de Padoue les a prêchés ; mais c'est un fait qui arrive si rarement, qu'il ne tire pas à conséquence.

Numa avait de longues conversations avec la nymphe Égérie ; on ne voit pas que César en eût avec Vénus, quoiqu'il descendît d'elle en droite ligne. Le monde va toujours, dit-on, se raffinant un peu.

Mais après s'être tiré d'un bourbier pour quelque temps, il retombe dans un autre ; à des siècles de politesse succèdent des siècles de barbarie. Cette barbarie est ensuite chassée ; puis elle reparaît : c'est l'alternative continuelle du jour et de la nuit.

SECTION IV

DE CEUX QUI ONT EU LA TÉMÉRITÉ IMPIE DE NIER ABSOLUMENT LA RÉALITÉ DES MIRACLES DE JÉSUS-CHRIST.

Parmi les modernes, Thomas Woolston, docteur de Cambridge, fut le premier, ce me semble, qui osa n'admettre dans les évangiles qu'un sens typique, allégorique, entièrement spirituel, et qui soutint effrontément qu'aucun des miracles de Jésus n'avait été réellement opéré. Il écrivit sans méthode, sans art, d'un style confus et grossier, mais non pas sans vigueur. Ses six discours contre les miracles de Jésus-Christ se vendaient publiquement à Londres dans sa propre maison. Il en fit en deux ans, depuis 1737 jusqu'à 1739, trois éditions de vingt mille exemplaires chacune : et il est difficile aujourd'hui d'en trouver chez les libraires.

Jamais chrétien n'attaqua plus hardiment le christianisme. Peu d'écrivains respectèrent moins le public, et aucun prêtre ne se déclara plus ouvertement l'ennemi des prêtres. Il osait même autoriser cette haine de celle de Jésus-Christ envers les pharisiens et les scribes ; et il disait qu'il n'en serait pas comme lui la victime, parce qu'il était venu dans un temps plus éclairé.

Il voulut, à la vérité, justifier sa hardiesse en se sauvant par le sens mystique ; mais il emploie des expressions si méprisantes et si injurieuses, que toute oreille chrétienne en est offensée.

Si on l'en croit [1], le diable envoyé par Jésus-Christ dans le

1. Tome I, p. 38.

corps de deux mille cochons est un vol fait au propriétaire de ces animaux. Si on en disait autant de Mahomet, on le prendrait pour un méchant sorcier, *a vizard*, un esclave juré du diable, *a sworn slave to the devil.* Et si le maître des cochons, et les marchands qui vendaient dans la première enceinte du temple des bêtes pour les sacrifices [1], et que Jésus chassa à coups de fouet, vinrent demander justice quand il fut arrêté, il est évident qu'il dut être condamné, puisqu'il n'y a point de jurés en Angleterre qui ne l'eussent déclaré coupable.

Il dit la bonne aventure à la Samaritaine comme un franc bohémien [2] ; cela seul suffisait pour le faire chasser, comme Tibère en usait alors avec les devins. Je m'étonne, dit-il, que les bohémiens d'aujourd'hui, les gipsies, ne se disent pas les vrais disciples de Jésus, puisqu'ils font le même métier. Mais je suis fort aise qu'il n'ait pas extorqué de l'argent de la Samaritaine, comme font nos prêtres modernes, qui se font largement payer pour leurs divinations [3].

*
* *

Je suis les numéros des pages. L'auteur passe de là à l'entrée de Jésus-Christ dans Jérusalem. On ne sait, dit-il [4], s'il était monté sur un âne, ou sur une ânesse, ou sur un ânon, ou sur tous les trois à la fois.

Il compare Jésus tenté par le diable à S. Dunstan qui prit le diable par le nez [5], et il donne à S. Dunstan la préférence.

A l'article du miracle du figuier séché pour n'avoir pas porté des figues hors de la saison : c'était [6], dit-il, un vagabond, un gueux, tel qu'un frère quêteur, *a wanderer, a mendicant like a friar*, et qui, avant de se faire prédicateur de grand chemin, n'avait été qu'un misérable garçon charpentier, *no better than a journeyman carpenter.* Il est surprenant que la cour de Rome n'ait pas parmi ses reliques quelque ouvrage de sa façon, un escabeau, un casse-noisette. En un mot, il est difficile de pousser plus loin le blasphème.

Il s'égaie sur la piscine probatique de Betsaïda, dont un ange

1. Tome I, p. 39.
2. Tome I, p. 52.
3. Tome I, p. 55.
4. Tome I, p. 65.
5. Tome I, p. 66.
6. Troisième division, p. 8.

venait troubler l'eau tous les ans. Il demande comment il se peut que ni Flávien Josèphe, ni Philon n'aient point parlé de cet ange; pourquoi S. Jean est le seul qui raconte ce miracle annuel; par quel autre miracle aucun Romain ne vit jamais cet ange [1] et n'en entendit jamais parler.

L'eau changée en vin aux noces de Cana excite, selon lui, le rire et le mépris de tous les hommes qui ne sont pas abrutis par la superstition.

Quoi [2]! s'écrie-t-il, Jean dit expressément que les convives étaient déjà ivres, *methus tosi;* et Dieu descendu sur la terre opère son premier miracle pour les faire boire encore!

Dieu fait homme commence sa mission par assister à une noce de village! Il n'est pas certain que Jésus et sa mère fussent ivres comme le reste de la compagnie [3]: *Whether Jesus and his mother themselves were all out as were others of the company, it is not certain.* Quoique la familiarité de la dame avec un soldat fasse présumer qu'elle aimait la bouteille, il paraît cependant que son fils était en pointe de vin, puisqu'il lui répondit avec tant d'aigreur et d'insolence [4]: *Waspishly and snappishly;* femme, qu'ai-je affaire à toi? Il paraît par ces paroles que Marie n'était point vierge, et que Jésus n'était point son fils; autrement Jésus n'eût point ainsi insulté son père et sa mère, et violé un des plus sacrés commandements de la loi. Cependant il fait ce que sa mère lui demande, il remplit dix-huit cruches d'eau, et en fait du punch. Ce sont les propres paroles de Thomas Woolston. Elles saisissent d'indignation toute âme chrétienne.

C'est à regret, c'est en tremblant que je rapporte ces passages; mais il y a eu soixante mille exemplaires de ce livre, portant tous le nom de l'auteur, et tous vendus publiquement chez lui. On ne peut pas dire que je le calomnie.

C'est aux morts ressuscités par Jésus-Christ qu'il en veut principalement. Il affirme qu'un mort ressuscité eût été l'objet de l'attention et de l'étonnement de l'univers; que toute la magistrature juive, que surtout Pilate, en auraient fait les procès-verbaux les plus authentiques; que Tibère ordonnait à tous les proconsuls,

1. Tome I, p. 60.
2. Quatrième discours, p. 31.
3. Quatrième discours, p. 32.
4. Quatrième discours, p. 34.

préteurs, présidents des provinces, de l'informer exactement de tout; qu'on aurait interrogé Lazare qui avait été mort quatre jours entiers, qu'on aurait voulu savoir ce qu'était devenue son âme pendant ce temps-là.

Avec quelle curiosité avide Tibère et tout le sénat de Rome ne l'eussent-ils pas interrogé ; et non-seulement lui, mais la fille de Jaïr et le fils de Naïm? Trois morts rendus à la vie auraient été trois témoignages de la divinité de Jésus, qui auraient rendu en un moment le monde entier chrétien. Mais, au contraire, tout l'univers ignore pendant plus de deux siècles ces preuves éclatantes. Ce n'est qu'au bout de cent ans que quelques hommes obscurs se montrent les uns aux autres dans le plus grand secret les écrits qui contiennent ces miracles. Quatre-vingt-neuf empereurs, en comptant ceux à qui on ne donna que le nom de *tyrans*, n'entendent jamais parler de ces résurrections qui devaient tenir toute la nature dans la surprise. Ni l'historien juif Flavien Josèphe, ni le savant Philon, ni aucun historien grec ou romain ne fait mention de ces prodiges. Enfin Woolston a l'impudence de dire que l'histoire de Lazare est si pleine d'absurdités, que S. Jean radotait quand il l'écrivit. *Is so brim-full of absurdities that S. John, when he wrote it, had liv'd beyond his senses.* Page 38, tome II.

Supposons, dit Woolston [1], que Dieu envoyât aujourd'hui un ambassadeur à Londres pour convertir le clergé mercenaire, et que cet ambassadeur ressuscitât des morts, que diraient nos prêtres ?

Il blasphème l'incarnation, la résurrection, l'ascension de Jésus-Christ, suivant les mêmes principes [2]. Il appelle ces miracles l'imposture la plus effrontée et la plus manifeste qu'on ait jamais produite dans le monde. *The most manifest, and the most barefaced imposture that ever was put upon the world.*

***

Ce qu'il y a peut-être de plus étrange encore, c'est que chacun de ces discours est dédié à un évêque. Ce ne sont pas assurément des dédicaces à la française. Il n'y a ni compliment ni flatterie. Il leur reproche leur orgueil, leur avarice, leur ambition, leurs ca-

1. Tome II, p. 47.
2. Tome II, Sixième discours, p. 27.

bales ; il rit de les voir soumis aux lois de l'État comme les autres citoyens.

A la fin ces évêques, lassés d'être outragés par un simple membre de l'Université de Cambridge, implorèrent contre lui les lois auxquelles ils sont assujettis. Ils lui intentèrent procès au banc du roi, par devant le lord justice Raimon, en 1739. Woolston fut mis en prison, et condamné à une amende et à donner caution pour cent cinquante livres sterling. Ses amis fournirent la caution, et il ne mourut point en prison, comme il est dit dans quelques-uns de nos dictionnaires faits au hasard. Il mourut chez lui, à Londres, après avoir prononcé ces paroles : *This is a pass that every man must come to ;* c'est un pas que tout homme doit faire. Quelque temps avant sa mort, une dévote, le rencontrant dans la rue, lui cracha au visage ; il s'essuya, et la salua. Ses mœurs étaient simples et douces : il s'était trop entêté du sens mystique, et avait blasphémé le sens littéral ; mais il est à croire qu'il se repentit à la mort, et que Dieu lui a fait miséricorde.

*
* *

En ce même temps parut en France le testament de Jean Meslier, curé de But et d'Étrepigni, en Champagne, duquel nous avons déjà parlé à l'article *Contradiction*.

C'était une chose bien étonnante et bien triste que deux prêtres écrivissent en même temps contre la religion chrétienne. Le curé Meslier est encore plus emporté que Woolston ; il ose traiter le transport de notre Sauveur par le diable sur la montagne, la noce de Cana, les pains et les poissons, de contes absurdes, injurieux à la Divinité, qui furent ignorés pendant trois cents ans de tout l'empire romain, et qui enfin passèrent de la canaille jusqu'au palais des empereurs, quand la politique les obligea d'adopter les folies du peuple pour le mieux subjuguer. Les déclamations du prêtre anglais n'approchent pas de celles du champenois. Woolston a quelquefois des ménagements ; Meslier n'en a point ; c'est un homme si profondément ulcéré des crimes dont il a été témoin, qu'il en rend la religion chrétiennne responsable, en oubliant qu'elle les condamne. Point de miracle qui ne soit pour lui un objet de mépris et d'horreur ; point de prophétie qu'il ne compare à celle de Nostradamus. Il va même jusqu'à comparer Jésus-Christ à don Quichotte et S. Pierre à Sancho-Pança : et ce qui est plus déplorable, c'est qu'il écrivait ces blasphèmes contre Jésus-Christ entre les bras de la mort, dans un temps où les plus dissimulés n'osent mentir, et où les plus intrépides tremblent. Trop pénétré de quelques injustices de ses supérieurs, trop frappé des grandes difficultés qu'il trouvait dans l'Écriture, il se déchaîna contre elle plus que les Acosta et tous les Juifs, plus que les fameux Porphyre, les Celse, les Jamblique, les Julien, les Libanius, les Maxime, les Simmaque et tous les partisans de la raison humaine n'ont jamais éclaté contre nos incompréhensibilités divines. On a imprimé plusieurs abrégés de son livre : mais heureusement ceux qui ont en main l'autorité les ont supprimés autant qu'ils l'ont pu.

*
* *

Un curé de Bonne-Nouvelle, près de Paris, écrivit encore sur le même sujet; de sorte qu'en même temps l'abbé Beckeran et les autres convulsionnaires faisaient des miracles, et trois prêtres écrivaient contres les miracles véritables.

Le livre le plus fort contre les miracles et contre les prophéties est celui du milord Bolingbroke [1]; mais, par bonheur, il est si volumineux, si dénué de méthode, son style est si verbeux, ses phrases si longues, qu'il faut une extrême patience pour le lire.

*
* *

Il s'est trouvé des esprits qui, étant enchantés des miracles de Moïse et de Josué, n'ont pas eu pour ceux de Jésus-Christ la vénération qu'on leur doit; leur imagination, élevée par le grand spectacle de la mer qui ouvrait ses abîmes et qui suspendait ses flots pour laisser passer la horde hébraïque, par les dix plaies d'Égypte, par les astres qui s'arrêtaient dans leur course sur Gabaon et sur Aïalon, etc., ne pouvait plus se rabaisser à de petits miracles, comme de l'eau changée en vin, un figuier séché, des cochons noyés dans un lac.

Wagensi disait avec impiété que c'était entendre une chanson de village au sortir d'un grand concert.

Le Talmud prétend qu'il y a eu beaucoup de chrétiens qui, comparant les miracles de l'Ancien Testament à ceux du Nouveau, ont embrassé le judaïsme : ils croyaient qu'il n'est pas possible que le maître de la nature eût fait tant de prodiges pour une religion qu'il voulait anéantir. Quoi ! disaient-ils, il y aura eu pendant des siècles une suite de miracles épouvantables en faveur d'une religion véritable qui deviendra fausse ! Quoi ! Dieu même aura écrit

1. En 6 volumes

que cette religion ne périra jamais, et qu'il faut lapider ceux qui voudront la détruire ! et cependant il enverra son propre fils, qui est lui-même, pour anéantir ce qu'il a édifié pendant tant de siècles !

Il y a bien plus : ce fils, continuent-ils, ce Dieu éternel, s'étant fait juif, est attaché à la religion juive pendant toute sa vie ; il en fait toutes les fonctiens, il fréquente le temple juif, il n'annonce rien de contraire à la loi juive, tous ses disciples sont juifs, tous observent les cérémonies juives. Ce n'est certainement pas lui, disent-ils, qui a établi la religion chrétienne ; ce sont des juifs dissidents qui se sont joints à des platoniciens. Il n'y a pas un dogme du christianisme qui ait été prêché par Jésus-Christ.

C'est ainsi que raisonnent ces hommes téméraires qui, ayant à la fois l'esprit faux et audacieux, osent juger les œuvres de Dieu, et n'admettent les miracles de l'Ancien Testament que pour rejeter tous ceux du nouveau.

De ce nombre fut cet infortuné prêtre de Pont-à-Mousson, en Lorraine, nommé Nicolas Antoine ; on ne lui connaît point d'autre nom. Ayant reçu ce qu'on appelle les *quatre mineurs*, en Lorraine, le prédicant Ferri, en passant à Pont-à-Mousson, lui donna de grands scrupules, et lui persuada que les quatre mineurs étaient le signe de la bête. Antoine, désespéré de porter le signe de la bête, le fit effacer par Ferri, embrassa la religion protestante, et fut ministre à Genève, vers l'an 1630.

Plein de la lecture des rabbins, il crut que, si les protestants avaient raison contre les papistes, les Juifs avaient bien plus raison contre toutes les sectes chrétiennes. Du village de Divonne, où il était pasteur, il alla se faire recevoir juif à Venise, avec un petit apprenti en théologie qu'il avait persuadé, et qui après l'abandonna, n'ayant point de vocation pour le martyre.

D'abord le ministre Nicolas Antoine s'abstint de prononcer le nom de Jésus-Christ dans ses sermons et dans ses prières : mais bientôt, échauffé et enhardi par l'exemple des saints juifs qui professaient hardiment le judaïsme devant les princes de Tyr et de Babylone, il s'en alla pieds nus à Genève confesser devant les juges et devant les commis des halles qu'il n'y a qu'une seule religion sur la terre, parce qu'il n'y a qu'un Dieu ; que cette religion est la juive, qu'il faut absolument se faire circonscire ; que c'est un crime horrible de manger du lard et du boudin. Il exhorta pathétiquement tous les Génevois qui s'attroupèrent à cesser d'être enfants de Bélial, à être bons juifs, afin de mériter le royaume des cieux. On le prit, on le lia.

Le petit conseil de Genève, qui ne faisait rien alors sans consulter le conseil des prédicants, leur demanda leur avis. Les plus sensés de ces prêtres opinèrent à faire saigner Nicolas Antoine à la veine céphalique, à le baigner et le nourrir de bons potages, après quoi on l'accoutumerait insensiblement à prononcer le nom de Jésus-Christ, ou du moins à l'entendre prononcer sans grincer des dents, comme il lui arrivait toujours. Ils ajoutèrent que les lois souffraient les juifs, qu'il y en avait huit mille à Rome, que beaucoup de marchands sont de vrais juifs, et que, puisque Rome admettait huit mille enfants de la synagogue, Genève pouvait bien en tolérer un. A ce mot de *tolérance,* les autres pasteurs, en plus grand nombre, grinçant des dents beaucoup plus qu'Antoine au nom de Jésus-Christ, et charmés d'ailleurs de trouver une occasion de pouvoir faire brûler un homme, ce qui arrivait très-rarement, furent absolument pour la brûlure. Ils décidèrent que rien ne servirait mieux à raffermir le véritable christianisme ; que les Espagnols n'avaient acquis tant de réputation dans le monde que parce qu'ils faisaient brûler des juifs tous les ans ; et qu'après tout, si l'Ancien Testament devait l'emporter sur le nouveau, Dieu ne manquerait pas de venir éteindre lui-même la flamme du bûcher, comme il fit dans Babylone pour Sidrach, Misach et Abed-nego ; qu'alors on reviendrait à l'Ancien Testament ; mais qu'en attendant il fallait absolument brûler Nicolas Antoine. Partant, ils conclurent *à ôter le méchant*; ce sont leurs propres paroles.

Le syndic Sarasin et le syndic Godefroi, qui étaient de bonnes têtes, trouvèrent le raisonnement du sanhédrin génevois admirable ; et, comme les plus forts, ils condamnèrent Nicolas Antoine, le plus faible, à mourir de la mort de Calanus et du conseiller Dubourg. Cela fut exécuté le 20 avril 1632, dans une très-belle place champêtre, appelée Plain-Palais, en présence de vingt mille hommes qui bénissaient la nouvelle loi et le grand sens du syndic Sarasin et du syndic Godefroi.

Le Dieu d'Abraham, d'Isaac et de Jacob ne renouvela point le miracle de la fournaise de Babylone en faveur d'Antoine.

Abauzit, homme très-véridique, rapporte dans ses notes qu'il mourut avec la plus grande constance, et qu'il persista sur le bûcher dans ses sentiments. Il ne s'emporta point contre ses juges lorsqu'on le lia au poteau ; il ne montra ni orgueil ni bassesse, il ne pleura point, il ne soupira point, il se résigna. Jamais martyr ne consomma son sacrifice avec une foi plus vive; jamais philosophe n'envisagea une mort horrible avec plus de fermeté. Cela prouve évidemment que sa folie n'était autre chose qu'une forte persuasion. Prions le Dieu de l'Ancien et du Nouveau Testament de lui faire miséricorde.

J'en dis autant pour le jésuite Malagrida, qui était encore plus fou que Nicolas Antoine, pour l'ex-jésuite Patouillet et pour l'ex-jésuite Paulian, si jamais on les brûle.

*
**

Des écrivains en grand nombre, qui ont eu le malheur d'être plus philosophes que chrétiens, ont été assez hardis pour nier les miracles de Notre-Seigneur : mais, après les quatre prêtres dont nous avons parlé, il ne faut plus citer personne. Plaignons ces quatre infortunés, aveuglés par leurs lumières trompeuses et animés par leur mélancolie, qui les précipita dans un abîme si funeste.

II

APPARITIONS

Ce n'est point du tout une chose rare qu'une personne, vivement émue, voie ce qui n'est point. Une femme, en 1726, accusée à Londres d'être complice du meurtre de son mari, niait le fait ; on lui présente l'habit du mort, qu'on secoue devant elle ; son imagination épouvantée lui fait voir son mari même ; elle se jette à ses pieds, et veut les embrasser. Elle dit aux jurés qu'elle avait vu son mari.

Il ne faut pas s'étonner que Théodoric ait vu dans la tête d'un poisson, qu'on lui servait, celle de Simmaque qu'il avait assassiné ou fait exécuter injustement (c'est la même chose.)

Charles IX, après la Saint-Barthélemy, voyait des morts et du sang, non pas en songe, mais dans les convulsions d'un esprit troublé qui cherchait en vain le sommeil. Son médecin et sa nourrice l'attestèrent. Des visions fantastiques sont très-fréquentes dans les fièvres chaudes. Ce n'est point s'imaginer voir, c'est voir en effet. Le fantôme existe pour celui qui en a la perception. Si le don de la raison, accordé à la machine humaine, ne venait pas corriger ces illusions, toutes les imaginations échauffées seraient dans un transport presque continuel, et il serait impossible de les guérir.

C'est surtout dans cet état mitoyen entre la veille et le sommeil qu'un cerveau enflammé voit des objets imaginaires, et entend des sons que personne ne prononce. La frayeur, l'amour, la douleur, le remords, sont les peintres qui tracent les tableaux dans les imaginations bouleversées. L'œil qui est ébranlé pendant la nuit par un coup vers le petit cantus, et qui voit jaillir des étincelles, n'est qu'une très-faible image des inflammations de notre cerveau.

Aucun théologien ne doute qu'à ces causes naturelles la volonté du maître de la nature n'ait joint quelquefois sa divine influence. L'Ancien et le Nouveau Testament en sont d'assez évidents témoignages. La Providence daigna employer ces apparitions, ces visions, en faveur du peuple juif, qui était alors son peuple chéri.

Il se peut que, dans la suite des temps, quelques âmes, pieuses à la vérité, mais trompées par leur enthousiasme, aient cru recevoir d'une communication intime avec Dieu ce qu'elles ne tenaient que de leur imagination enflammée. C'est alors qu'on a besoin du conseil d'un honnête homme, et surtout d'un bon médecin.

* * *

Les histoires des apparitions sont innombrables. On prétend que ce fut sur la foi d'une apparition que S. Théodore, au commencement du quatrième siècle, alla mettre le feu au temple d'Amasée et le réduisit en cendres. Il est bien vraisemblable que Dieu ne lui avait pas ordonné cette action, qui en elle-même est si criminelle, dans laquelle plusieurs citoyens périrent, et qui exposait tous les chrétiens à une juste vengeance.

Que Ste Potamienne ait apparu à S. Basilide, Dieu peut l'avoir permis ; il n'en a rien résulté qui troublât l'État. On ne niera pas que Jésus-Christ ait pu apparaître à S. Victor ; mais que S. Benoît ait vu l'âme de S. Germain de Capoue portée au ciel par des anges, et que deux moines aient vu celle de S. Benoit marcher sur un tapis étendu depuis le ciel jusqu'au mont Cassin, cela est plus difficile à croire.

On peut douter de même, sans offenser notre auguste religion, que S. Eucher fut mené par un ange en enfer, où il vit l'âme de Charles Martel, et qu'un saint ermite d'Italie ait vu des diables qui enchaînaient l'âme de Dagobert dans une barque, et lui donnaient cent coups de fouet ; car, après tout, il ne serait pas aisé d'expliquer nettement comment une âme marche sur un tapis, comment on l'enchaîne dans un bateau, et comment on la fouette.

Mais il se peut très-bien faire que des cervelles allumées aient eu de semblables visions ; on en a mille exemples de siècle en siècle. Il faut être bien éclairé pour distinguer dans ce nombre prodigieux de visions celles qui viennent de Dieu même, et celles qui sont produites par la seule imagination.

* * *

L'illustre Bossuet rapporte, dans l'*Oraison funèbre de la princesse palatine*, deux visions qui agirent puissamment sur cette princesse, et qui déterminèrent toute la conduite de ses dernières années. Il faut croire ces visions célestes, puisqu'elles sont regardées comme telles par le disert et savant évêque de Meaux, qui pénétra toutes les profondeurs de la théologie, et qui même entreprit de lever le voile dont l'Apocalypse est couverte.

Il dit donc que la princesse palatine, après avoir prêté cent mille francs à la reine de Pologne, sa sœur [1], vendu le duché de Réthelois un million, marié avantageusement ses filles, étant heureuse selon le monde, mais doutant malheureusement des vérités de la religion catholique, fut rappelée à la conviction et à l'amour de ces vérités ineffables par deux visions. La première fut un rêve dans lequel un aveugle-né lui dit qu'il n'avait aucune idée de la lumière, et qu'il fallait en croire les autres sur les choses qu'on ne peut concevoir. La seconde fut un violent ébranlement des méninges et des fibres du cerveau dans un accès de fièvre. Elle vit une poule qui courait après un de ses poussins qu'un chien tenait dans sa gueule. La princesse palatine arrache le petit poulet au chien ; une voix lui crie : *Rendez-lui son poulet ; si vous le privez de son manger, il fera mauvaise garde.—Non,* s'écria la princesse, *je ne le rendrai jamais.*

Ce poulet, c'était l'âme d'Anne de Gonzague, princesse palatine ; la poule était l'Église ; le chien était le diable ; Anne de Gonzague, qui ne devait jamais rendre le poulet au chien, était la grâce efficace.

Bossuet prêchait cette oraison funèbre aux religieuses carmélites du faubourg Saint-Jacques à Paris, devant toute la maison de Condé ; il leur dit ces paroles remarquables : *Écoutez, et prenez garde surtout de ne pas écouter avec mépris l'ordre des avertissements divins et la conduite de la grâce.*

Les lecteurs doivent donc lire cette histoire avec le même respect que les auditeurs l'écoutèrent. Ces effets extraordinaires de la Providence sont comme les miracles des saints qu'on canonise. Ces miracles doivent être attestés par des témoins irréprochables. Eh ! quel déposant plus légal pourrions-nous avoir des apparitions et des visions de la princesse palatine que celui qui employa sa vie à distinguer toujours la vérité de l'apparence ? Il combattit avec vigueur contre les religieuses de Port-Royal sur le formulaire ; contre Paul Ferri sur le catéchisme ; contre le ministre Claude sur les variations de l'Église ; contre le docteur Dupin sur la Chine ; contre le P. Simon sur l'intelligence du texte sacré ; contre le cardinal Sfrondate sur la prédestination ; contre le pape sur les droits

1. Oraisons funèbres, p. 67 et suivantes.

de l'Église gallicane ; contre l'archevêque de Cambrai sur l'amour pur et désintéressé. Il ne se laissait séduire ni par les noms, ni par les titres, ni par la réputation, ni par la dialectique de ses adversaires. Il a rapporté ce fait ; il l'a donc cru. Croyons-le comme lui, malgré les railleries qu'on en a faites. Adorons les secrets de la Providence ; mais défions-nous des écarts de l'imagination, que Malebranche appelait *la folle du logis*. Car les deux visions accordées à la princesse palatine ne sont pas données à tout le monde.

*
* *

Jésus-Christ apparut à sainte Catherine de Sienne ; il l'épousa ; il lui donna un anneau. Cette apparition mystique est respectable, puisqu'elle est attestée par Raimond de Capoue, général des dominicains, qui la confessait, et même par le pape Urbain VI ; mais elle est rejetée par le savant Fleuri, auteur de l'*Histoire ecclésiastique*. Et une fille qui se vanterait aujourd'hui d'avoir contracté un tel mariage, pourrait avoir une place aux petites-maisons pour présent de noces.

L'apparition de la mère Angélique, abbesse de Port-Royal, à sœur Dorothée, est rapportée par un homme d'un très-grand poids dans le parti qu'on nomme *janséniste ;* c'est le sieur Dufossé, auteur des *Mémoires de Pontis*. La mère Angélique, longtemps après sa mort, vint s'asseoir dans l'église de Port-Royal à son ancienne place, avec sa crosse à la main. Elle commanda qu'on fît venir sœur Dorothée, à qui elle dit de terribles secrets. Mais le témoignage de ce Dufossé ne vaut pas celui de Raimond de Capoue et du pape Urbain VI, lesquels pourtant n'ont pas été recevables.

Celui qui vient d'écrire ce petit morceau a lu ensuite les quatre volumes de l'abbé Lenglet sur les apparitions, et ne croit pas devoir en rien prendre. Il est convaincu de toutes les apparitions avérées par l'Église ; mais il a quelques doutes sur les autres jusqu'à ce qu'elles soient authentiquement reconnues. Les cordeliers et les jacobins, les jansénistes et les molinistes, ont eu leurs apparitions et leurs miracles. *Iliacos intra muros peccatur et extra.*

III

VISION

Quand je parle de vision, je n'entends pas la manière admirable dont nos yeux aperçoivent les objets, et dont les tableaux de tout ce que nous voyons se peignent dans la rétine : peinture divine, dessinée suivant toutes les lois des mathématiques, et qui par conséquent est, ainsi que tout le reste, de la main de l'éternel géomètre, en dépit de ceux qui font les entendus, et qui feignent de croire que l'œil n'est pas destiné à voir, l'oreille à entendre et le pied à marcher. Cette matière a été traitée si savamment par tant de grands génies, qu'il n'y a plus de grains à ramasser après leurs moissons.

Je ne prétends point parler de l'hérésie dont fut accusé le pape Jean XXII, qui prétendait que les saints ne jouiraient de la vision béatifique qu'après le jugement dernier. Je laisse là cette vision.

Mon objet est cette multitude innombrable de visions dont tant de saints personnages ont été favorisés ou tourmentés, que tant d'imbéciles ont cru avoir, et avec lesquelles tant de fripons et de friponnes ont attrapé le monde, soit pour se faire une réputation de béats, de béates, ce qui est très-flatteur ; soit pour gagner de l'argent, ce qui est encore plus flatteur pour tous les charlatans.

*
* *

Calmet et Langlet ont fait d'amples recueils de ces visions. La plus intéressante à mon gré, celle qui a produit les plus grands effets, puisqu'elle a servi à la réforme des trois quarts de la Suisse, est celle de ce jeune jacobin Yetzer, dont j'ai déjà entretenu mon cher lecteur. Cet Yetzer vit, comme vous savez, plusieurs fois la sainte Vierge et sainte Barbe, qui lui imprimèrent les stigmates de Jésus-Christ. Vous n'ignorez pas comment il reçut d'un prieur jacobin une hostie saupoudrée d'arsenic, et comment l'évêque de Lausanne voulut le faire brûler, pour s'être plaint d'avoir été empoisonné. Vous avez vu que ces abominations furent une des causes du malheur qu'eurent les Bernois de cesser d'être catholiques, apostoliques et romains.

Je suis fâché de n'avoir point à vous parler de visions de cette force.

*
* *

Cependant vous m'avouerez que la vision des révérends pères cordeliers d'Orléans, en 1534, est celle qui en approche le plus, quoique de fort loin. Le procès criminel qu'elle occasionna est encore en manuscrit dans la bibliothèque du roi de France, n° 1770.

L'illustre maison de Saint-Mémin avait fait de grands biens au couvent des cordeliers, et avait sa sépulture dans leur église. La femme d'un seigneur de Saint-Mémin, prévôt d'Orléans, étant morte, son mari, croyant que ses ancêtres s'étaient assez appauvris en donnant aux moines, fit un présent à ces frères qui ne leur parut pas assez considérable. Ces bons franciscains s'avisèrent de vouloir déterrer la défunte, pour forcer le veuf à faire réenterrer sa femme en leur terre sainte, en les payant mieux. Le projet n'était pas sensé; car le seigneur de Saint-Mémin n'aurait pas manqué de la faire inhumer ailleurs. Mais il entre souvent de la folie dans la friponnerie.

D'abord l'âme de la dame de Saint-Mémin n'apparut qu'à deux frères; elle leur dit [1] : « Je suis damnée comme Judas, parce » que mon mari n'a pas donné assez. » Les deux petits coquins qui rapportèrent ces paroles ne s'aperçurent pas qu'elles devaient nuire au couvent plutôt que lui profiter. Le but du couvent était d'extorquer de l'argent du seigneur de Saint-Mémin pour le repos de l'âme de sa femme. Or, si madame de Saint-Mémin était damnée, tout l'argent du monde ne pouvait la sauver; on n'avait rien à donner; les cordeliers perdaient leur rétribution.

Il y avait dans ce temps-là très-peu de bon sens en France. La nation avait été abrutie par l'invasion des Francs, et ensuite par l'invasion de la théologie scolastique; mais il se trouva dans Orléans quelques personnes qui raisonnèrent : elles se doutèrent que, si le grand Être avait permis que l'âme de madame de Saint-Mémin apparût à deux franciscains, il n'était pas naturel que cette

1. Tiré d'un manuscrit de la bibliothèque de l'évêque de Blois Caumartin.

âme se fût déclarée *damnée comme Judas*. Cette comparaison leur parut hors-d'œuvre. Cette dame n'avait point vendu Notre-Seigneur Jésus-Christ trente deniers; elle ne s'était point pendue; ses intestins ne lui étaient point sortis du ventre : il n'y avait aucun prétexte pour la comparer à Judas.

Cela donna du soupçon; et la rumeur fut d'autant plus grande dans Orléans, qu'il y avait déjà des hérétiques qui ne croyaient pas à certaines visions, et qui, en admettant des principes absurdes, ne laissaient pas pourtant d'en tirer d'assez bonnes conclusions. Les cordeliers changèrent donc de batterie et mirent la dame en purgatoire.

***

Elle apparut donc encore et déclara que le purgatoire était son partage; mais elle demanda d'être déterrée. Ce n'était pas l'usage qu'on exhumât les purgatoriés. Mais on espérait que M. de Saint-Mémin préviendrait cet affront extraordinaire en donnant quelque argent. Cette demande d'être jetée hors de l'église augmenta les soupçons. On savait bien que les âmes apparaissaient souvent, mais elles ne demandent point qu'on les déterre.

L'âme, depuis ce temps, ne parla plus; mais elle lutina tout le monde dans le couvent et dans l'église. Les frères cordeliers l'exorcisèrent. Frère Pierre d'Arras s'y prit, pour la conjurer, d'une manière qui n'était pas adroite. Il lui disait : Si tu es l'âme de feue madame de Saint-Mémin, frappe quatre coups; et on entendit les quatre coups. Si tu es damnée, frappe six coups, et les six coups furent frappés. Si tu es encore plus tourmentée en enfer, parce que ton corps est enterré en terre sainte, frappe six autres coups; et ces six autres coups furent entendus encore plus distinctement [1]. Si nous déterrons ton corps, et si nous cessons de prier Dieu pour toi, seras-tu moins damnée? Frappe cinq coups pour nous le certifier; et l'âme le certifia par cinq coups.

Cet interrogatoire de l'âme, fait par Pierre d'Arras, fut signé par vingt-deux cordeliers, à la tête desquels était le révérend père provincial. Ce père provincial lui fit le lendemain les mêmes questions, et il lui fut répondu de même.

On dira que l'âme ayant déclaré qu'elle était en purgatoire, les cordeliers ne devaient pas la supposer en enfer; mais ce n'est pas ma faute si des théologiens se contredisent.

1. Toutes ces particularités sont détaillées dans *l'Histoire des apparitions* de l'abbé Langlet.

Le seigneur de Saint-Mémin présenta requête au roi contre les pères cordeliers : ils présentèrent requête de leur côté ; le roi délégua des juges, à la tête desquels était Adrien Fumée, maître des requêtes.

Le procureur général de la commission requit que lesdits cordeliers fussent brûlés ; mais l'arrêt ne les condamna qu'à faire tous amende honorable, la torche au poing, et à être bannis du royaume. Cet arrêt est du 18 février 1534 [1].

***

Après une telle vision, il est inutile d'en rapporter d'autres : elles sont toutes ou du genre de la friponnerie, ou du genre de la folie. Les visions du premier genre sont du ressort de la justice ; celles du second genre sont ou des visions de fous malades, ou des visions de fous en bonne santé. Les premières appartiennent à la médecine, et les secondes aux petites-maisons.

1. En 1873, il est probable que ce serait le seigneur de Saint-Mémin qui serait condamné. J. K.

Sceaux. — Impr. et stéréot. M. et P.-E. Charaire.

www.ingramcontent.com/pod-product-compliance
Ingram Content Group UK Ltd.
Pitfield, Milton Keynes, MK11 3LW, UK
UKHW021043220726
13924UKWH00001B/495

9 782019 710187